MES ADIEUX.

MES ADIEUX.

> Cùm me lacerent maledictis, non placuit reticere,
> ne quis modestiam in conscientiam duceret.
>
> SALL. *Jug.*

Habitans de l'arrondissement de Gray,

DEPUIS vingt ans votre pays était devenu le mien. Je l'avais adopté, et je l'aimais. Sur le point de le quitter, j'ai besoin de vous exprimer publiquement les sentimens que j'éprouve. C'est pour moi un devoir de reconnaissance et de justice sur lequel mes amis, ni ceux que l'envie a faits mes ennemis, ne sauraient se méprendre.

Mais connaissez d'abord ce que je fus, ce que j'ai fait, ce que je suis : car je veux être jugé.

Né sous le toit de l'indigence, dans le sein des montagnes de l'Auvergne, l'ignorance et la pauvreté des cabanes auraient dû être mon lot. Jusqu'à l'âge de dix-huit ans, toutes les peines dont le corps de l'homme est capable, je les avais éprouvées. Jusqu'alors la hache et la scie, la truelle et le marteau, la bêche et la charrue avaient tour à tour meurtri mes faibles bras et déchiré mes mains.

Mais ma destinée n'était pas là.

Depuis long-temps un secret besoin de m'instruire fermentait en moi. Il devint irrésistible, et m'arracha enfin à la condition de mes pères.

La nature ne me fut point ingrate : sans le secours d'aucun maître, en peu de temps, j'appris à parler et à écrire ma langue. On me montra ensuite quelques élémens de latin. Cinq mois après, je les enseignais moi-même. Et dès-lors, je suis devenu le soutien de ma famille.

Me taxera-t-on de vanité pour n'avoir pas tû cette circonstance ? Quand la diffamation ose attaquer ma vie, pourquoi ne me serait-il pas permis de parler de ce qui est à ma gloire ?

Mes humbles succès appelèrent sur moi l'attention des prêtres. Que ne firent-ils pas pour m'engager sous leur bannière ! Un de leurs piéges fut de me faire *provisoirement* exempter, à mon insçu, de la *conscription*. Ce moyen échoua comme les autres. Le métier de prêtre ne m'inspirait pas moins de répugnance que le métier de soldat. Je résistai donc aux caresses et aux bienfaits des hommes d'église. Leur vengeance ne se fit pas attendre. Pour me punir, ils me livrèrent à la rigueur de cette même loi de la *conscription* dont naguères ils avaient fait suspendre en ma faveur les effets.

Me voilà dans l'espace du monde, seul, inconnu, sans amis, sans parens, sans ressource, sans expérience, et conscrit réfractaire !.... Lecteur, ne cherche pas à te peindre une telle situation. Les émotions de ton ame s'y épuiseraient inutilement.

Enfin , je tournai mes regards vers l'Université. J'y entrevis un rayon d'espérance, et je m'y précipitai comme dans un asile.... La loi de la *conscription* m'en fermait l'entrée..... Néanmoins, soit erreur, soit intérêt, soit destinée, j'y fus accueilli.

Envoyé depuis au collége de Gray, j'y ai professé de 1810 à 1815. Je vous adjure , ô jeunes gens qui avez reçu mes leçons et mes soins, et qui êtes aujourd'hui tous des citoyens recommandables , jamais professeur apporta-t-il dans ses fonctions plus d'application, plus de zèle et de dévoûement? Beaucoup de vous ont été reconnaissans. Quelques-uns, et heureusement le nombre en est très-petit, se sont montrés ingrats. J'en suis fâché pour eux : car l'ingratitude expose aux remords.

En 1815 , après que les baïonnettes étrangères nous eurent imposé pour la seconde fois le gouvernement de mensonge et d'hypocrisie qui vient de finir , il était visible que le corps enseignant allait devenir la proie des jésuites et de leurs pareils. L'honnête homme , l'homme indépendant, sous peine de s'avilir, devait se retiter. Je donnai ma démission.

Ce fut alors que je m'alliai à l'une des plus respectables familles du pays, et que je me vouai à l'étude des lois. Les marques d'estime et d'amitié que je n'ai cessé de recevoir de mes professeurs depuis ma sortie de l'école de droit, disent assez quelle y fut ma conduite.

Je vins me fixer au tribunal de Gray. Là commence pour moi une ère nouvelle.

Étranger dans une petite ville, je devais m'attendre à des obstacles d'égoïsme et de coterie. Quelques faux géans eussent voulu me voir prosterner devant eux. Mais je pouvais sans bassesse prendre ma place, et je la pris.

Habitans de l'arrondissement de Gray, dès ce moment, vous le savez, ma vie a été consacrée à votre service, et elle l'a été avec désintéressement, avec loyauté, et sans acception de personnes. Celui qui avait à réclamer contre des abus d'autorité est venu chez moi, et j'ai été son organe. Celui qui avait à se plaindre de l'injustice d'un riche est venu chez moi, et j'ai pris sa cause contre le riche. S'est-il agi de la cause de la liberté? dans toutes les occasions, j'ai donné l'exemple du dévouement.

Voilà d'où je suis venu, et ce que j'ai fait.

Apprenez maintenant la conduite de mes ennemis.

Paris fut toujours dans mes vœux. Je m'y étais rendu après les grandes journées, et un poste indépendant, en tout selon mes goûts, m'y était offert.

Cependant quelques personnes bienveillantes avaient demandé pour moi une place au gouvernement comme récompense des services que j'avais pu rendre. C'est ainsi que je fus nommé procureur du Roi à Montbéliard.

Cette place, dont à aucune époque je n'aurais dû être bien vain, loin de m'agréer, contrariait alors mes projets. Je l'acceptai néanmoins, dans la crainte de manquer à la reconnaissance, et surtout dans la pensée que j'y pouvais être utile à ma patrie, dans un moment où elle a si besoin d'hommes fermes et dévoués.

C'est alors que mes ennemis, mettant à exécution un complot infâme, ont fait lancer contre moi au ministère une dénonciation préparée d'avance, qui est un monument rare de stupidité et de bassesse.

Cette dénonciation a dû m'être communiquée. Que d'atroces calomnies! mais aussi que ma justification était facile!

Elle a été complète.

Mais ce n'est point assez d'une justification à huis-clos. Elle doit être publique, éclatante : il faut qu'elle atteigne mes ennemis où qu'ils soient, quels qu'ils soient : car, semblables à des reptiles immondes, c'est en se cachant qu'ils jètent leurs venins.

Dans leur noire méchanceté, ils ont fouillé toute ma vie pour y découvrir quelque tache. Une faute de jeunesse d'il y a vingt ans, que dis-je? une circonstance dont le récit arracherait des larmes au cœur le plus dur, n'a pas trouvé grâce devant eux.

Ils m'ont accusé d'avoir dépouillé mon jeune beau-frère de l'étude de son père...

Et j'avais les écrits du père et du fils pour confondre la calomnie !

Ils m'ont accusé d'avoir été appelé plusieurs fois à la chambre de discipline...

Et les délibérations de cette chambre prouvent qu'autant de fois j'y ai été appelé, autant de fois j'ai été calomnié! Et j'ai dans les mains déclaration, preuve par écrit, que les malheureux au nom desquels les plaintes ont été faites, n'y auraient jamais songé, s'ils n'y avaient été sollicités, incités, poussés par mes ennemis! Oui, j'ai dans les mains la preuve de cette scélératesse, et ils n'ont pas tremblé d'en rappeler le souvenir! Oh! que les actions de mes délateurs ne sont-elles exposées aux regards des hommes à côté des miennes! Je ne leur souhaiterais pas d'autre châtiment.

Ils m'ont accusé d'avoir fait des bassesses dans la faillite du sieur Contet, dont j'ai été le syndic...

Quel inconcevable aveuglement! quel délire! Mais chacun ne sait-il pas comment a été dévoilé et flétri le système infernal de diffamation qu'avaient imaginé contre moi les adhérens de Pauffert, complice du failli Contet, afin de

paralyser mes efforts et ma voix, et de soustraire à la vin-
dicte des lois, le ramas de fripons qui s'étaient ligués pour
dépouiller les créanciers de la faillite? Mais chacun ne
sait-il pas comment les turpitudes de mes calomniateurs
ont été constatées et livrées au mépris public par le jugement du tribunal de Gray du 25 juin 1827, qui a été imprimé, par l'arrêt de la Cour royale de Besançon du 12
juin 1828, également imprimé, arrêt qui ne condamne
pas seulement au pilon le mémoire de Pauffert et consorts,
comme calomnieux, mais qui réprimande tous ceux qui
dans cette affaire ont osé élever la voix contre moi?

Enfin, faut-il à ces anathèmes ajouter un anathème
encore plus accablant? Le magistrat qui présidait alors le
tribunal de Gray, qui a suivi dans tous ses replis la trame
ourdie contre moi, me disait un jour : « Je connais la
perversité de vos ennemis: ils se sont engagés dans une
cause honteuse ; pour se sauver de l'infàmie, ils ont cherché
à vous diffamér. S'ils descendent jamais dans leur conscience,
leur conduite leur fera horreur. Il y en a parmi eux qui
ont à se féliciter de certaines relations d'enfance. Mais il
était temps pour eux que la vérité triomphât : car il
n'était plus possible de balancer entre des affections de
souvenir et les devoirs de la justice... »

L'entendez vous cette voix terrible, vils artisans de calomnie? L'entends-tu, toi, tartufe mielleux, qui sous les
dehors de l'homme de bien, caches l'ame la plus noire et la
plus perfide? et toi, effronté bélître, dont le nom seul
fait gémir la vertu? et toi, chef de cabales, fourbe auda-
cieux? et toi, imposteur insigne, lâche instigateur de diffamation? et toi, ignare Jocrisse, mannequin hideux? et toi,
dégoûtant rebut de la lie des hommes, ignoble instrument de
tous les complots? Cette voix vous stigmatise: évitez les yeux

de l'honnête homme ! Mais poursuivons leurs accusations.

Ils m'ont dénoncé pour avoir publié un écrit qui a été condamné en police correctionnelle, comme diffamatoire envers l'avoué Versigny aîné...

Mais cet écrit, qui fut publié pour révéler ce qui s'était passé lors de la faillite de Contet, était indispensable pour repousser les calomnies répandues contre moi en faveur de Pauffert ! Mais le jugement qui condamne l'écrit, reconnaît que j'avais été diffamé, que mon adversaire avait été l'agresseur, que je n'avais fait que me défeudre ! Mais ce jugement, loin de suspecter la vérité de mon récit, a soin de dire que la loi du 17 mai 1819 ne permet pas la preuve de la vérité des faits, et que l'action du plaignant *est fondée sur cette loi !* Mais les juges ont gémi de la nécessité de m'appliquer cette loi absurde ! Mais toutes les manœuvres que je signalais comme ayant été pratiquées par Pauffert et Contet, sont vérifiées par le jugement du tribunal civil du 25 juin 1827, sont avouées par Pauffert lui-même dans le procès verbal de vérification de ses créances du 10 décembre 1828, sont confessées par le failli dans une lettre qui se trouve au dossier du procès criminel , lettre que je recommande à la sollicitude de M. le juge d'instruction , car elle doit m'être rendue.

Eh bien ! que dites-vous de cette accusation, vous qui savez ce qui s'est passé ? Qu'en dites-vous , vous qui assistiez au jugement qui adjugea à mon adversaire les cent francs qu'il a exigés et mis dans sa poche ? Vous qui avez entendu le cri de l'opinion publique, et qui vous demandiez avec étonnement pourquoi mon adversaire, au lieu de se prévaloir d'une loi qui m'interdisait la preuve de la vérité, n'avait pas pris la voie de la presse pour me démentir et se justifier ? En publiant cet écrit, je n'ai donc fait que ce que tout homme d'honneur aurait fait à ma place, que ce que je ferais encore.

Enfin, ils m'ont dénoncé, qui voudra le croire! pour avoir fait une saisie-arrêt entre les mains d'un sieur Boudin neveu, détenteur des effets mobiliers de mon débiteur....

Et pourquoi ai-je fait cette saisie? Pour avoir paiement des sommes que j'avais prêtées à un sieur Rampp, et pour lesquelles je n'avais pu obtenir de lui, à son départ de Gray, d'autre titre qu'une espèce de vente de quelques meubles. Mais ai-je demandé ce qui ne m'était pas dû? Ils n'ont pas osé le dire; ils ont pourtant reculé devant cette imposture! J'en suis étonné. Elle n'était ni plus absurde, ni plus atroce que les autres.

Voilà les faits de ma vie que mes stupides dénonciateurs ont cru pouvoir noircir du poison de leur haine. Sans doute ils avaient compté que leurs calomnies me seraient cachées, et que je serais jugé sans être entendu. Les misérables! ils ont voulu me salir avec la fange dont ils sont couverts; ils n'ont pas vu qu'ils sont trop bas pour m'atteindre, et que la boue qu'ils me jetaient allait retomber sur leur tête!.....

Mais qu'ai-je donc fait pour m'attirer tant de haine?

Je dois le dire pour ceux qui l'ignorent; je dois le dire pour l'opprobre de mes ennemis : car leur animosité fait mon éloge.

Quoique peu nombreux, mes ennemis sont de plusieurs sortes.

Et d'abord ce fut pour moi un crime, étranger que j'étais, de m'attacher au tribunal d'une petite ville. Il n'y avait qu'un moyen d'obtenir grâce pour ce péché d'origine, c'était d'adorer deux ou trois fausses idoles. Mais je n'étais pas homme à y consentir. Au lieu de prostituer mon minis-

tère dans les cabarets, les tabagies et les brelans, je conti-
nuai à me livrer jour et nuit à l'étude, je m'appliquai à
me rendre digne de la confiance de mes concitoyens. Et ma
peine ne fut pas perdue. Je ne tardai pas à devenir le con-
seil et l'ami des hommes les plus honorables du pays. Ceux
même qui n'étaient pas mes cliens s'adressèrent à moi
lorsqu'ils eurent à faire quelques transactions importantes.
Il n'en fallait pas tant pour allumer l'envie. Et de l'envie à la haine et à la calomnie, il n'est aucun intervalle.
Indè iræ.

Il y a à Gray certaines petites notabilités qui avant moi
paraissaient n'être point habituées à voir plaider contre
elles. J'ai eu le tort de ne faire acception de personne, et de
combattre l'injustice partout où j'ai cru l'apercevoir. De là de
nouveaux ennemis qui se sont joints aux autres. *Indè iræ.*

Est venue ensuite l'affaire de la faillite Contet. Pauffert,
qui voulait dépouiller les créanciers, et que je poursui-
vais comme coupable de manœuvres frauduleuses, se
trouva soutenu par un personnage qui occupait un haut
rang dans la magistrature. Quelques individus, pour com-
plaire à ce personnage, et enhardis par cette protection
extraordinaire, crurent qu'ils pouvaient impunément
employer tous les moyens en faveur de Pauffert, et que le
meilleur était de rendre odieux le syndic en le diffamant.
On attaqua brutalement mon honneur; je défendis mon
honneur avec énergie, le flambeau de la vérité et de la pu-
blicité à la main. Justice m'était due, justice me fut rendue.
Jugemens et arrêts frappèrent et couvrirent de honte mes
adversaires. Le haut protecteur lui-même eut la douleur
de voir déclarer calomnieux le mémoire fait contre moi, et
auquel il avait donné son approbation. *Indè iræ.*

On pardonne le mal qu'on a reçu, mais jamais celui

qu'on méditait et qu'on n'a pas pu faire, quand surtout on a échoué avec éclat. Mes ennemis devaient me le prouver.

Pauffert, battu en dernier ressort, proclama partout que ses prétendus amis l'avaient rendu victime de leur animosité contre moi. Il fit plus, il écrivit une lettre dans laquelle il déclarait *qu'ils lui avaient fait soutenir le procès contre son gré, que tout ce qui avait été dit et écrit de calomnieux contre moi, l'avait été par ses prétendus amis, sans son aveu, et qu'ainsi ils l'avaient sacrifié pour avoir occasion d'exercer leur haine contre moi.*

Cette lettre, qui avait été adressée à M. Lamarche, était à ma disposition. Un jour un de ces amis de Pauffert m'aborda, et me témoigna quelque repentir de sa conduite. J'eus la simplicité de croire à ce repentir, et, dans l'effusion de mon cœur, j'allai chercher la lettre, que je lui remis en disant : tenez, pour toute vengeance je vous livre cet écrit accusateur ; il ne faut pas garder du poison chez soi.

Ce trait de générosité était fait pour toucher le cœur d'un tigre. Eh bien! quinze jours après, cet homme imagina et répandit contre moi la plus monstrueuse calomnie.... Je le déclare avec amertume, un assassin me paraîtrait moins atroce. Je reviens.

Il est arrivé que comme on s'était permis à mon égard des imputations calomnieuses dans des plaidoiries et des actes de procédure, il est arrivé, dis-je, que les auteurs en ont été repris par le tribunal. (1)

Autre crime : je me suis toujours hautement déclaré

____

(1) C'est ainsi que sur le réquisitoire du procureur du Roi, le tribunal, par jugement du 13 janvier 1830, a déclaré un acte d'opposition

l'apôtre des libertés publiques contre les partisans de la servitude; je n'ai jamais caché mon aversion pour l'hypocrisie et les préjugés. Il était naturel que la congrégation me poursuivît aussi de sa colère. Et Dieu sait ce que peut encore la congrégation !

En tout temps j'ai excité au patriotisme. J'ai imprimé, j'ai écrit dans les journaux contre le ministère sinistre du 8 août, ce qui m'a valu les injures de la *Gasette* et de la *Quotidienne*.

Lors des élections des mois de mai et de juin derniers, j'ai signalé, dénoncé, cherché à faire rayer des listes les faux électeurs. J'ai réveillé, stimulé le zèle des électeurs patriotes. Je n'ai épargné ni temps, ni peine, ni argent pour faire échouer les candidats du despotisme. J'ai été chercher des électeurs chez eux, et les ai conduits au collège où sans moi ils ne seraient pas allés. Tout cela se pouvait-il pardonner, et la congrégation devait-elle hésiter à grossir la ligue de mes ennemis, et à pousser à la vengeance ? *Indè iræ*

Et puis, à la nouvelle de la révolution de Paris, n'ai-je pas fait partie à Gray de la commission qui a organisé la garde nationale contre le vœu des autorités de Charles X ?

Dès le lendemain, n'ai-je pas provoqué et contribué à faire établir une commission municipale, sinon pour remplacer les autorités de Charles X, du moins pour surveiller leur administration ?

Ne se souvient-on pas du courroux et des menaces que firent alors éclater contre moi non-seulement ces autorités et leurs adhérens, mais aussi les coryphées de coterie, ces

---

i *njurieux, diffamatoire et calomnieux,* et en a ordonné la suppression aux frais de l'avoué Versigny cadet qui l'avait signé, en lui enjoignant d'être plus circonspect à l'avenir. *Indè iræ.*

hommes de toutes les bannières, de tous les lendemains, qui aujourd'hui se donnent, se font passer pour les patriotes les plus purs, et s'arrogent le privilége de délivrer des certificats de civisme et d'aptitude aux emplois, au grand scandale du pays, et au danger encore plus grand de la chose publique ? *Indè iræ.*

Enfin l'envie a-t-elle pu se contenir, en apprenant lors de votre adresse au Roi des Français, que j'avois eu l'honneur d'être votre organe auprès de sa Majesté, que j'avais reçu de lui et de son auguste famille des marques toutes particulières de bienveillance? en un mot, que cet étranger, cet homme sorti de la cabane du pâtre, en est venu jusqu'à s'asseoir à la table des Rois ? *Et ob talia vias nocendi invidia non requirat!*

Habitans de l'arrondissement de Gray, vous savez maintenant où sont mes ennemis et pourquoi j'ai mérité leur haine N'avais-je pas raison de dire que leur animosité m'honore?

Mais que pouvaient leurs calomnies auprès d'un ministre sage autant que juste, et si plein de respect pour l'honneur des citoyens? que pouvaient-elles auprès d'un magistrat intègre et sévère, mais non moins en garde contre la délation, de quelque part qu'elle vienne, et sous quelque aspect qu'elle se présente ?

Le mépris et la honte, voilà le fruit qu'en devaient recueillir mes dénonciateurs.

Je vous remercie donc de la protestation qu'un grand nombre d'entre vous sont venus m'offrir contre cette dénonciation de mes ennemis. Abstenez - vous - en, je vous en conjure : une telle démarche m'humilierait. J'ai dit ce que je fus, ce que je suis, ce que j'ai fait. Je livre, non pas seulement avec confiance, mais avec orgueil, ma vie toute entière à l'investigation publique. Cette manière de protester est heureusement la seule qui me convienne. Du reste, je vous le répète, ma justification a été complète. Elle l'était d'avance par le témoignage des hommes honorables qui s'intéressèrent pour moi auprès du ministre de la justice. Ce témoignage mérite sans doute autant de confiance que celui de mes dénonciateurs. Et d'ailleurs ne me serait-il pas resté ma conscience ?....

Oui, ma conscience. Elle seule m'aurait suffi. Enveloppé dans son témoignage, je peux défier toutes les calomnies. Avec elle, je braverais l'univers.....

Mais, après ma justification, que devais-je faire ? Je devais faire ce que j'ai fait : refuser d'aller à Montbéliard. Non, après l'avanie qui m'a été faite, cette place ni aucune autre pareille ne saurait me convenir. Il ne m'en faut point, ou il m'en faut une qui me soit une réparation.

En attendant, je garde mon indépendance, et retourne à Paris, dans la ville de ma prédilection.

Habitans de l'arrondissement de Gray, je vais m'éloigner de vous. Votre estime, que j'emporte avec moi, me console, me dédommage des persécutions de quelques méchans. Je quitte votre pays avec regret, à cause de l'amitié dont beaucoup n'ont cessé de me donner des preuves. Mais je le quitte avec la conscience de n'y avoir fait ni souhaité du mal à personne, pas même à mes ennemis; avec la satisfaction d'y avoir fait tout le bien que j'ai pu.

Mais, de loin comme de près, je vous prie de me regarder toujours comme votre ami. A Paris comme à Gray, vous me trouverez toujours disposé à vous être utile, toujours prêt à vous servir de tous mes efforts. Et si, ce qu'à Dieu ne plaise ! il vous était fait quelque injustice, dont la réparation méritât d'être solennelle, vous pouvez compter sur

le secours de ma faible voix ; je serai votre avocat, votre
défenseur, votre représentant au tribunal de l'opinion publique, à ce tribunal juste et inexorable devant lequel j'ap-
pelle aujourd'hui mes ennemis, et où ils ne sauraient
paraître désarmais sans porter le signe de la honte, et sans
éprouver la dent du remords.

Gray, le 4 novembre 1830.

F. SUGIER.